연꽃의 속삭임

연꽃의 속삭임

고방규 시집

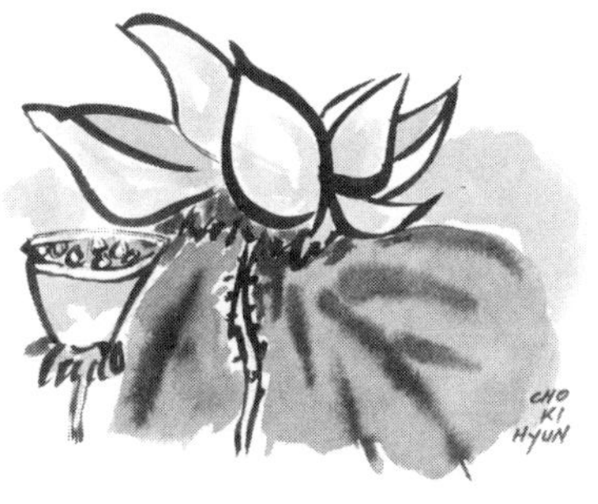

을지출판공사

시인의 말

눈보라 치며 백설이 분분할 때
코트 깃 세우며 거리를 거닐 때입니다
추운 겨울에 왜 생고생을 하려고
내면에는 사랑의 고독이 서려 있나 봅니다

간절한 시심(詩心)은 눈보라 속에서도
장미꽃을 피우는 것처럼
희열을 느끼고 있었습니다
이토록 자연에 취해
삶의 마디마디에 희열을 곱씹어 봅니다

추억의 터널을 넘나들며
삼경을 넘어 고독 속 졸고 졸며
시심 있는 호롱불 아래
언제나 울고 웃는 나의 모습이
별것 아닌 아기걸음 작품입니다

별빛 쏟아지는 하늘 아래 닭 울음소리 들릴 때는
나에게도 시간은 흘러갔나 생각하며
마음속 혹독한 추위는 마음을 한 번 더
담금질하는 것입니다

긴 겨울 터널을 지나 맞이하는
봄은 더욱 진한 꽃이 핍니다

시심으로 한 걸음 더 가까이
다가설 수 있는 것도
이 때문입니다
하나하나 추억이
더욱 시심을 진실하게 하는 이유입니다

보릿고개에는 늘 그랬듯이
배 속에 거지가 들어 있는 것처럼
허겁지겁 먹었던 시절 아련히 시심으로 떠오릅니다

소중한 것들이
늘 가까이 있는데도 잊어버리곤 합니다.

2022. 1. 30

고향 서실에서

Contents

제 2 부 빛으로 바라보며

Contents

제 3 부 마음은 그대

제 4 부 동해안 파도

제 5 부 천보산의 봄

제 1 부

사랑하며 가는 길

노을 닮은 얼굴로 사뿐 내려와
호젓한 낙엽 길 사로잡는 향기 설레는 마음
당신의 아름다움이 이렇게 포근한데
함께 사랑하며 마음 바쳐 가는 길
이 길이 오래이고 싶다.

세월 가지 잡고 서서

어느덧 세월은 나를 훌쩍 넘어
계절을 아는 고운 꽃잎들
바람결에 후드득 날린다

멀리 보이는 산 푸르름 그림자 드리우며
꽃잎에도
화단에도
동산 가득
아름답게 피어 있는 꽃밭에도
기다리지 않아도 봄은 그렇게 오나 보다

아름다움에 허리 굽어
자세히 보노니
아름다운 꽃잎 하나하나에도
흙먼지 바람 가지에 상처 난 꽃잎들
모두들 세월과 함께 온 나날들이다

그 상처 어찌 나뿐이겠냐마는
새로운 희망 머리 들어

새소리 가득 찬 청산 안개 속
마을 휘감고 찾아왔다

지천으로 누워 있는
꽃눈들이 저마다 터져 나오니
젖꼭지 모양 늦게 머문 꽃망울
한껏 부풀려
나무 아래도
진달래 꽃잎 사뿐 밀려와
상처 난 나를 반긴다

모두가 함께 가는 길이라서-

2005. 7. 24.

사랑하는 인연

인생길 가면서 만난
고마운 인연
위선을 벗어 던진
알몸에 사랑은 불붙고
정은 끈끈하였지

저만의 색깔 점점 깊어갈 때
진실로 원하는 것에 마음이 원하는 것을
눈감고 속박하는 굴레를 벗어 던진 당신
아름답다

순정만을 원하는
아름다운 기억만 가슴에 담아
혹여 바람결에 날릴까
"만난 인연"
마주한 차 한 잔
나누고 싶어 물 끓이는 당신

포근한 정에 깊어 가는 행복
"했던 자리에"
당신과 라일락향기 함께한
언제부터인가
우리 몸을 감쌀 때
집 앞 향기는 4월을 비껴가네.

2005. 7. 21.

마음에 계신 어머니

하늘나라로 가신 어머님
어언 10년……
마음엔 언제나 어머님이 계셔
지금도 고향 가면
싸리문에 어머님이
반기며 기다리는 것 같아
소리 없이 웃는 환한 그 얼굴
지금도 가슴에 남아

마음 한켠에
언제나 살아 계시는 어머니
가끔은 조용히 대화를 하고
웃음을 먹던 시간
어제와 같이 반기는 그 모습
함께한 마지막 지새운 고향 밤
지금도 가슴에 남아

연잎에 떨어지는
은구슬처럼 청순하고

고귀한 그 모습 눈에 밟혀
그지없이 맑은 눈망울 호수처럼 잔잔한 모습
지금도 가슴에 남아

인자하신 어머님
솜털처럼 부드러운 눈빛
내가 어느 날인가
풀을 뜯어 마당에 말린 것을
이른 새벽 부엌에 땔감으로 밥 지으며
"잘도 탄다, 참 좋다" 부드러운 말씀
그 희열喜悅 느끼시는
그 모습 그 목소리 영원히
지금도 가슴에 남아.

—마산 서실에서
2003. 4. 22.

호박 넝쿨
–시골 담장

하늘 자락
오솔길 내어 처마 마당 벽
미소 달고 오르는
힘겨운 너의 모습
이슬 머금고 피어나는
장미처럼 환한 그 얼굴

울 밑에 묻어 놓은 씨앗
찬바람 가시기 전에
혹 가슴 조이던 일 생각하며
그 동안 세월이 네 몸 얽힌 사연을
담아 온 울타리 벽인데

이제 주렁주렁 매달고
낡은 지붕 담장 위
묵직한 몸짓 의젓하게 드러내는
커다란 보름달.

2005.

장성호수

평야 그 갈증 못 잊어
애절한 모습으로 손 뻗어 올려보던
호수가
보이지 않는 얼굴 그리워
눈에선 오늘도 그리움으로
한 폭의 그림 품은
푸른 호수
숨은 정 굽이굽이 돌아
골골이 쌓아 놓고

남 의식 안 하듯 흐르던 줄기
목탄 한 폭이 시들어 가는 뿌리에
간절히 바라던
너의 정
미련도 없이 대가도 없이
감로수로 주는구나.

2009. 8. 21.

만추의 노래
–화왕산

낙엽!
산하에……
태양빛도 물러서는
흐드러진 화왕산 억새꽃
황홀한 그 모습
하얀 머리 휘날리며 신들린 듯 춤추고
은빛 깔리는 달빛 아래
내 가슴 깊은 곳에
곁에선 찬바람 함께 지켜봐

억새꽃
소리 없이 창공 나는
낙조에 물든 가을새 같아!
먼 산의 홍화(紅花)들
아름다움을 견본으로 색칠하고 몸부림쳐
여름엔 힘찬 줄기로
꽃받침 받들고 있더니만

다정한 꽃잎들 어디론가
이제 고운 치장으로 떠날 준비
창문 밖엔 머지않아 으쓱 추운 겨울
온다는 소리 들려.

2003. 10. 26.

첫눈이 오면

첫눈이 오면
그대가 생각납니다

첫눈이 와도
볼일 없다고 고개 저어도
그
생각 감추지 못합니다

발자국 남기며
산길을 걷습니다
나뭇가지 숲 아무렇게나
쌓이는 하얀 눈

장소 없이
피어 있던 들국화처럼
바라보며 못다 핀 설화

그대가 남아 있는 심중을
첫눈이

오는 날엔 그 질긴 끈
누구 몰래 당겨지나 봅니다.

2009. 雪寒之節

아내

사랑은 이렇게 어려운 것인가 봅니다
무엇을 사랑이라고 하는 건가요
그렇게 쉽게들 말하는 사랑을

누군가는 바람 소리처럼 잡히지
않는 것이라고 합니다
진실한 마음으로
진실된 이해로

속앓이하면서 내색 않으며
미소로 꽃피우는 아내 얼굴인가 봅니다
행복 뒤안길에는
풀지 못한 숙제들을 둘둘 말아 들고
숙명적인 이해만으로 이해한 것인가 봅니다

노송처럼 멀리 돌아온 세월
맑은 마음 이끌어 온 여정이기에
못다 한 이야기꽃이 바다와 같습니다

놓지 않은 끈 마음속 조용히
당신의 행운이 나의 행운이었음을…….

2021. 4. 2.

연꽃의 속삭임

진흙밭 흐린 물
미소로 올려 온 청아한 모습
어데서도 찾아볼 수 없는 신비로움이여!

넓은 잎 깔고 앉은 이슬
어느 보석보다
아름답고 찬란한 은구슬

꽃잎
한 겹 두 겹 쌓인 속 고운 왕관
그리운 얼굴

꽃잎 져서도
왕관을 남기시는 님
내 영혼에
영원히 남아
잊혀지지 않을 모습이여!

2011. 7. 4.

사랑하며 가는 길

그대가 여유 있다 할 때
어둠을 깨고 밀려오는 사랑
그리움 맨살로 부대끼며 낙엽 쌓인 길 걷고

당신의 땀방울 바람결에 씻기어
피어나는 인고의 숨소리 심장까지 타오를 때
당신의 마음 너무 아름다워

당신 사랑에 고슴도치 바늘처럼 가슴에 찔려
몸살 앓아도 무공해 가슴엔
당신의 피 펑펑 쏟아져
나는 정신을 잃었지

노을 닮은 얼굴로 사뿐 내려와
호젓한 낙엽 길 사로잡는 향기 설레는 마음
당신의 아름다움이 이렇게 포근한데
함께 사랑하며 마음 바쳐 가는 길
이 길이 오래이고 싶다.

2005. 7. 25.

시장 바닥

질컥질컥 걷기도 힘든
시장 바닥 길
오고 가는 사람들 속에
사고 파는 상인들 틈 사이에
사선을 넘나들며

흘러나오는 멜로디
“가거라 삼팔선”
“영도다리”
속마음을 파고든다
손 하나 양발 없는 한 인간이
모진 목숨 억지 매달고 삶에 목숨 걸고
지옥문 열리는 문고리처럼 들린다

“함께한 전우들
떠오르는 6 · 25전쟁
쏟아지는 폭음 소리 가슴 찢는
소리로 아스라이 들리는 것 같아”

통 하나 가슴 가슴으로 밀고
어쩐지 멜로디 위에 묻혀 있는 모습
죽을힘 다해
명줄 잇자고 쪽바구니 끌어안고 미는
뒤따라오는 저승사자도 수군거리며
함께 밀어 주고 있다.

아이들의 하루

긴 어둠 헤집고
달려온 아침 햇살
골목길 사붓사붓 일깨우고
꼭두새벽 지나가는 두부아저씨
외침도 힐끗힐끗 아련히 들린다

밤샘 놀이에 빠졌던 아이들
지금도 꿈속을 헤매고 있다
밝은 미소 머금고 애들 감싸며
햇살은 창문을 두들기고 다닌다

뒤척이는 아이들의 그림자들
놀이마당처럼 창문에 일렁인다
담장 너머 창문에도
부지런한 햇살이 다니며 두들긴다

언제쯤이면
아이들이 일어나 햇살을 먹을까

벌써 햇살은 푸른 들판에 기다리고
시냇물에도 아이들을 기다린다

함께 뒹굴던 동심들
이야기꽃 필 마당이다.

2005. 7. 28.

사랑이 힘 되어 줄 때

철 이른
뻐꾸기 목메인 소리
애가 잦아 타는 노을에도
안쓰럽도록 어진 것과 어질지 않는 것들이 있습니다

이대로 차마 눈감을 수 없는 것
산을 닮아 입 다물어도
자꾸만 가슴속 뜨거워 오는 일들
소나무 성근 그늘 아래 당신의 행복 심고 있습니다

사랑이 보이지 않아도 멀어진 것이 아니고
별빛이 보이지 않아도 항상 그곳에 있다는 것
당신은 잊지 않아요 순희(順熙)

당신만 좋으면 24시 쓰러져 일해도 행복하고
사랑의 힘 용기 알게 되면 당신은 이해할 겁니다
당신이 있기에 마음 기둥 되어 주고
봄을 캐어 올리는 힘이 되어 준 당신

넓은 아량 마음 사자도 감탄합니다
모든 것 다 떠난다 해도 당신만은 태양처럼 있으리

새벽은 언제나 길을 열 때 당신의 승차권 한 장
개찰구를 통과하고
오늘도 사랑의 힘으로 삶을 지고 있습니다.

2005. 7. 23.

학동 몽돌해변에서

미소 잃지 않은 모습
신명나게 밟았던 몽돌 바닷가
바위 부딪쳐 하얗게 빛난 파도

갈매기 내 가슴에 안긴 듯
철썩이는 파도 소리 파고들 때
무심코 걸었던 해변

검은 얼굴 하나하나
수많은 해일과 싸웠던 얼굴인데
어쩜 저렇게도 구김살 없는
해맑은 미소일까

거친 파도 앞에서도
얼마나 많은 세월을 먹었나
몽돌이 되기까지.

2009. 12. 20.

제 2 부

빛으로 바라보며

시작되는 두루마리 인생길에
행복은 주어지는 것이 아니라
그대와 둘이 만들어 내는 것이지
성난 얼굴도 따사로운 파도처럼
평화로운 달빛에 묻어갑니다

어머니 뵙고 싶어 가는 고향

자정 넘어
세월을 많이 먹은 레토나 차와 한 몸 되어
몸이 저리도록 한적한 고속도로 세차게 당기며
가로수 잠을 깨운다

가슴을 파고드는 적막을 안고
시린 내색 없이 달리는 레토나
피로에 쌓인 힘 가누기 힘든 한계인데도
사선을 넘나들며 애써 저리 모질게
무수히 쏟아지는 별빛 아래
숨가쁘게 질주한다

산 너머 고향엔 누가 계시기에
저리 졸리움 참아 가며
목숨 건 시간
언제나 그랬듯이 이번이 마지막
아닌가 생각하며
타향에서 외로움으로 홀로 쏟는 눈물

달래듯 별빛만이 다가와 스치운다
창밖에 부딪치는 바람 소리 매섭지만
한발 더 가까이 가고파 억지 당기는 도로

꺼져 가는 노모 품이 기다리는 고향
저울로 달 수 없는
그리움이 뭉클 차오른다.

장미(薔薇)라서

그대 장미라서
완벽한 창끝으로 보호되어
다가서지 못할 마음입니다

그대 장미라서
날 선 미소로 끝물이 되어
다가설 용기 없습니다

그대 장미라서
향기에 취해 말초신경까지 무너져
마음 무디어 다가설 수 없습니다

그대 장미라서
가슴에 붉은 피
펑펑 토해 죽고 싶은 심정입니다

허탈한 마음 감추며
돌아설 허공뿐
국향으로 달랠 겁니다

추억 속 아직도 그대 머물고 있다는 것
뒤돌아보게 됩니다
이 밤에도.

아궁이의 불

덩그러니 놓인 까만 가마솥
아궁 안
어느 손에
우리들
옹기종기 모여 앉아
다른 세상 바꾸어 바라봐 생각하니

우리 위해
죽어 까만 재가 될지라도
혼신의 열 토해
미친 듯 꽃피우는 불꽃

새 모습으로 태어나
생명의 핏줄이 되어 줄
양분을 위하여

검붉은 불꽃 마음
어찌

내 몸 장렬히 태우는
어미 같은 마음 알지 못해

흩어지는 분신으로 흔적만 남기겠지.

2008. 8. 8

빛으로 바라보며

이렇게 오늘처럼
환장하게 밝은 달밤이면
폐허된 그대 마음이라도 아름답게 보여
사랑하는 마음만은 달빛처럼 넉넉합니다

시작되는 두루마리 인생길에
행복은 주어지는 것이 아니라
그대와 둘이 만들어 내는 것이지
성난 얼굴도 따사로운 파도처럼
평화로운 달빛에 묻어갑니다

새로운 일에 도전하는 것
세월이 문제 되는 것이 아니라
새로운 결단력이 필요한 것입니다

헤일 수 없이 거친 손짓 내 얼굴 만져 봐도
혹한 날씨 속 하얀 눈보라와 함께 어우러져
힘 있게 희망 안고 일어설 수 있는 것은
오직 그대의 달빛처럼 청아한 품이 있기 때문입니다

우린 영원한 행복 만들고 밝게 떠오르는 태양 아래
벚꽃 흩날릴 때도 당신의 달콤한 살 냄새는
저 빛처럼 내 가슴에 와 닿습니다.

−보름날 어느 산장에서 홀로
2006. 2. 14.

사랑 놓고 떠나던 그 밤

천만번 생각해도
되아픈 마음으로
당신을 놓고

뒤돌아오는 발걸음
옮겨 흘러가지만
지치도록 걷던 그 발자국
마음은 그곳에 놓고

그렇게 아끼던 텃논 파는 마음으로
고향을 떠나던 아픔 같아
바짓가랑이 찬이슬 털고
풀잎에 밟히고
텅 빈 외양간처럼
가슴속 비어

슬픔을 외로움으로 채워 보지만
도둑맞은 마음처럼
그 아픈 상처는 언제나 치유될까.

2008. 1. 1.

어느 카페
-이별의 추억

그날
글라스 앞에 놓고 마주 앉아
언젠가 이별의 날이 올 줄은 알았지만
기약 없이 떠나야 하는
휘청거리는 마음을 달래 봅니다

십 년이고 백 년이고 기다리겠습니다
눈빛으로 약속하며 이슬 맺힌 눈가를
애써 돌립니다

어슴푸레 어둠이 내리깔리는 창가에
희미한 그림자만이 지나는 환상이
교차합니다

힘주어 소리 없이 잡아 보는 글라스
전해 오는 사랑에
전율만을 깊이 간직하렵니다.

2009. 1. 3.

바람 막아 주던 당신

외로움이 부는 날
섶처럼 막아 주는 따듯한 마음
보금자리 둥지 되어 주던 당신

쓸쓸한 들판에 서서 당신을
보이지 않는 허전한 마음 옆에 앉아
아픈 가슴 기댈 곳 없어 지난 세월
마음 한켠에 늘 자리했던 당신

삶이 이렇게 아픔 속에
철새들이 뿌리고 지나는 이별의 눈물바다 위에
외줄을 걷는 것처럼
공간 속에 사는 것이 너무 빽빽해
때로는
마음에 아름다운 사랑을
쏟아 내리며 새운 밤들

허탈한 웃음소리
태양도 아닌 삶을 보물인 양 알고

이정표 없는 그림자 앞을 밟고 가는
그늘
그림자 밟으며 멈춰서는 세월!

낱낱이 새겨져 있는 나의 애환을 각인하여
얼룩진 별들에게
아픔이 울어 대는 허공을 모아
당신께
세월의 흔적만 띄워 보내리.

2005. 5. 29.

어머니

사랑
운명을 바꿀 위기
나락에 떨어지는 찰나에도
어머니의 비는 손길에는
불길 속에서도 어머니의 비는 손길에는

저승사자도 발길을 돌립니다

혼자 살 수 없는 세상이기에
사랑이 함께 가야 할 운명입니다
하나하나 곁들여보면
사랑을 먹고 사는 만물이더라

씨앗은 흙 만나 사랑을 싹 틔우고
물고기는 물을 만나야 사랑을 잉태하나 봅니다

엄니의 사랑은
뭉게구름 춤을 추듯 안개처럼 구김 없이 스며들지요

희미하게 들리는

어머니의 말씀

'밥이나 잘 먹고 다니니?'

2005. 1. 15

사랑의 샘물

맑은 샘
퍼낼수록 맑고 고요하게 고여 오는 샘물
사랑은 어쩌면 그런 것인가

사랑의 샘물
우리 가슴속에 마르지 않는 근원인가
퍼낼수록 더욱 맑게 솟아
마르지 않는 이유

사랑의 감정
항상 가슴에 담고 살아갈 때
우린 행복을 느낍니다
사랑의 감정이 넘칠 때
우린 숭고해집니다

사랑은 결코
멀리서 시작되는 게 아닌가 봅니다
작은 것들에게 따스한 시선 보내는
마음으로 사랑은 시작되나 봅니다.

관심 없는 사랑
결코 솟아나는 샘물이 아닐 겁니다
가슴에 있는 사랑이란 샘물처럼
퍼올릴수록 더욱 윤택해질 겁니다.

2011. 12. 20.

핑경 소리

산사에도 어둠이 찾아오나 봅니다
떠돌이 바람은 쇠붙이를 붙들고
하소연 한다

빈 마음 울리는 핑경 소리 웁니다
무상한 달빛
넘치는 별빛 아래
적막을 삼키는 허공에도
핑경 소리는 웁니다

매서운 눈보라 속에서도 피어나는
한 송이 설화의 사연을 아는지
핑경 소리는 웁니다

지금도
씻지 못할 연민에
아픈 사연이 있나 봅니다.

백일홍 나무

모나게
혹서(酷暑)에만 핀 그 자태의 미소는
태양을 이기는 정열이어라

지루한 장마도 이기는
백일홍
쉬지 않고 고운 빛깔로
그렇게 갈증을 달래는구나

가까이 더 가까이
손가락으로 어루만지면
잎새까지도 가만히 떨림이 오는구나

잎새에 이는 바람처럼–

사랑은

오랫동안 사랑이 익었다면
영혼과 사랑이
어디에 있겠냐고 묻는다면
항시 우리 사랑은
누구에게 간섭받지 않는 것이
영혼과 사랑이라 말하리

항상
사랑은 벼랑 끝에서
당신을 기다리는 것이라 말하리
사랑이 깨질까 봐
조이고 조이던 마음이 당신
가슴 깊이 드리운다고 말하리

항상
사랑은 고슴도치가
새끼를 주기 위해
계란을 훔쳐 깨질까 봐
아슬아슬한 것 같다고 말하리

살얼음 위를
위태위태 걷는 것 같다고 말하리.

갯벌

불러다오 추억의 바닷가
바람 소리만 허허한 하전리 갯벌
쉬어 가는 철새들
갯벌 속에 아픈 사연 묻고 돌아가는
세계 제일의 심장을 자랑하는

공전과 자전
자연 섭리 앞에 이루어지는 장장 6킬로미터
서슴없이 치부를 드러낸다

심원에 전설적 의미가 배어 있는
살아 있는 우리 역사
오늘도 세상 가득 채울 왕소금 잔뜩 짊어져
묵묵히 서 있는 그대 모습이여!

2억 년 아픈 마음 흔드는
찬바람 마시며 숨쉬는 뻘밭
발아래
6억 종류 해초 어패류 미생물 함께 어우러진

보고(寶庫)

누가 볼세라 말없이 안고
미묘한 해부를 알면서 불허하는 심장
미지의 박동 소리 들려오고

알지 못하는 시대의 산업물결
문화유산이 될 너의 꽃피울 심장에
우리는 삶터로 일터로 후손에 물려줄
버릴 수 없는 어머니 손길 같은
하전리 갯벌
그대는 오늘도 손바닥만 한 지구를
그리운 님처럼 이고 있구나.

－하전리 체험관에서
2008. 3. 3

이별
–섬

내일이면 뭍으로 가야 한대요
오늘따라 할머니 손을 보니 소리 없이 떨리고 있다
핏덩이 키운 지 18년
피 마른 정을 온몸으로 뭉쳐 놓은 손주 녀석
중학교를 뭍으로 간대요
전교생 3명이
누이 동생 하면서 놀던 운동장

유학길에 오른다니 밤새워 밝히고 있다
잠 이루지 못하는 손주 영철이
아쉬움이 하나하나 지난 세월
주마등처럼 가슴을 억누른다

할머니 버석이며 돌아눕는다
눈을 감지 못하고 있나 보다

파도 소리 어울리며 갈매기 소리
친구가 된 지 오래

저 바다 백사장
가슴속에 지워야 할 텐데
그리움만이 되려 쌓이는 것 같다
내일이면 이른 새벽을 안고 떠나야 한대요
가슴 찢어지는 아쉬움 안고

할머님은 멀어져 가는
뱃전 바라보며
힘없는 손짓하고 있다

마지막 말 같은 느낌으로
잘 되거라 건강하라.

애뜨락
–옥정호

눈 아래
하늘이 내린 자연의 비경
눈감아도 꿈나라가 펼쳐진다
호남의 젖줄이라고
계곡계곡 감추어진 옥정호 숱한 사연들

신이 내린
호남평야에 펼쳐진 황금 들녘
젖줄 어머니입니다

봄날 같은
햇살도 옥정호에 빠져 버린
남몰래 찾아온 달님입니다

멀리 새싹 돋는 소리만 조용히 들립니다
옥정호에 반짝이는
석류 알처럼 빛나는 물결

애절한 시 한 편을 만들게 합니다

추억을 비켜가는
시원한 여름 만들자며 하얗게
눈 내린 정원을 상상하며
사랑하는
그대가 애뜨락 정원에서
손짓을 합니다.

2015. 7. 25.

여행

–크루즈 선상에서

수평선 하늘 맞닿은 입
수많은 시련 안고 있으련만
억만년 숱한 난고에도

그 많은 가솔들 품 안에 안으며
한 많은 눈물짓던 사연들
뼈아픈 전쟁 하늘 아래

영혼들이 서성인다

말 못 할 사연들 그리도 많아 가슴앓이로
깨지고 부딪치고 시퍼렇게 멍든 파도
그대 얼굴이여
칠흑같이 어두운 밤인데도 한을 쓸어 내리며
입 다문 채
오늘도 남해를 가르고 있다.

–제주에서
2012. 12. 31.

제 3 부

마음은 그대

몸부림쳐도 수렁처럼 빨려 들어
어느덧 내 마음 당신 곁에
숨 쉬며 함께 떠나는 것이
마음에는
지천으로 피어 있는 봄날의 꽃입니다

그리운 그대

흙
깊숙이 뿌리 내린 그대
라일락꽃보다 진한 향기 마시며
흐르는 세월 앞에
은은한 날갯짓으로

튤립 꽃처럼 모나리자 미소 담고
줄기 뻗어 향기 풍기며 달려온 마디마디
당신의 아름다운 영혼 별빛처럼 빛나
그리움 하늘에 닿은
황홀한 내 마음
호수 위에 떠 있습니다

하늘을 찌르듯 당신의 향기가
심장을 감싸고
줄기와 꽃잎처럼 하나가 되어
그리움에 몸 떨며 뜨거운 소낙비 쏟아 냈지

당신과 함께한 시간
진정한 귀한 시간이었음을
가슴에 묻어 두고 싶습니다
행복을 아는 당신
연민과 순정으로
가득 채워 새겨진 이름입니다

2006. 5. 15.

목욕탕

폭포처럼
뜨거움을 쏟아 부으면
맥박이 콸콸 뛰는 가슴인데

안개처럼
뿌연 동굴 같은 곳
문명의 겉치레인 것을
훨훨 벗어던지고
뜨거운 불가마 속 물안개 껴얹으면

가슴속
시원함을 느끼는 희열
푸푸 노랫소리 혼자만이
알 수 없는 곡조로
시뻘건 몸뚱이를 마음대로 움직이며

형용 각색
문자처럼 아라비아 문자 모양
알몸은 원시적 놀이들을 하고 있다

지쳐도 행복해 하는 눈으로
거울 앞에선 당신 모습 바라보며
계급장 뗀 태초의 몸이

이상하고
안개 자욱한 바다처럼 평화스럽다.

2005. 8. 3.

단풍 · 2

9월이 되면
몸치장하는
왠지 여름이 말없이 넘겨준 가을
아쉽게 느껴집니다

산하로 점점 내려가는 치장들

온 동네 성홍 잔치
벌어지는 계곡 잔치
눈물바다처럼 쏟아지는
젊었던 친구들 붉은 잎 되어

만추를
약속한 듯 하나 둘
쓸쓸하게 돌아서는 마음

짧은 시간 단풍으로 태어나
운명 아닌 운명으로
길을 나서다.

2007. 11. 5.

빈 들

이른 봄
아기 손 고사리 같은 새싹들
봄볕을 꾸벅꾸벅 먹고 있다
가슴 시리게 안고 키워 온 들녘

여름 풍광 비바람에 꺾일세라
먹구름 이겨 내고 견디어 온
해맑은 오곡 얼굴들

하늘이 거꾸로 보이는 들녘에
황금빛으로
생사의 한계를 결정하는 신의 선물들이
빈 곡간을 채워 준 밀알들입니다

스산한 바람이 쓸고 간 빈 들에
내년을 기약하는

나에게는 온유한 시혼(詩魂)들을 안겨 준
눈 쌓인 황량(荒凉)한 빈 들이여!

어선

아침 햇살 누운 바다 위에
며칠을 두고 지친 몸으로
새벽 공기를 헤치고 있다

"깊은 곳에 생명을 파면서"

아련히
물결 따라 밀려오는 어선
점 하나 그림자처럼 일렁인다
가쁜 숨 몰아쉬며 포기할 수 없는
여정이기에
마지막 힘 내어
밧줄에 생명을 실으니

흘러가는 하루에
희망을 싣고
꿈을 싣고
만선의 꿈만을 위하여!
헤일 수 없는 격랑에 생사의 문턱에 섰건만

겨우 생명만 품고 회항하는
떠나던 첫 포구

등대만이 깜박이며 노을빛에 졸고
맞닿은 골목엔 해거름만이
허기를 채우기 위해
어둠을 주섬주섬 줘먹고 있다.

2004. 11. 15.

나의 보물인 당신

그때에
당신을 보았어요
세상에 빛이 한곳에 모이는 것처럼
고귀한 당신의 모습이 평온합니다
천사 같았습니다

당신의 마음에 피는 꽃은
영원히 아름답습니다
바람 소리 보이지 않지만
당신의 사랑 속에 숨어 있었나 봅니다

저 먼 속삭임처럼
꿈 거리를 덧없이 걸어도
보이지 않은 그 마음입니다
함께한 꿈과 사랑이 있다면
인생이 짧아도 후회는 없으리라

불꽃 튀는 붉은 태양 속에서도
그려지는 그의 얼굴입니다

오늘 아침 밥상에도
당신의 보물이 가득 실려 있어요
보이지 않는 마음속에…….

결혼식

엄마는
2년 전 머언 산비탈
양지쪽 언덕에서 가시지 않은
찬바람을 쏘이며 고개 숙인 채
말없이 봄을 캐고 있었다

성치 못한 몸인데 질긴 인연이 있는 양
색깔콩 산고사리
약 볕에 일일이 하나하나 말리어
전례 없는 애착을 갖고 있었다

찹쌀, 콩가루 무슨 욕심을 내나 싶더니
막내아들 결혼 준비를
그때부터 미리 봄을 캤던가 보다

쑥 모싯잎 뭉치뭉치 냉동실 차곡차곡
그 깊은 마음을 남몰래 돌아서
눈시울이 뜨거워

엄마 마음 자식이야 어찌 그 사랑을 알겠냐마는
언젠가 지놈도 세월이 다가가 말하겠지.

시의 도시 마산

무학산 품에 안는
물 좋은 마산
천 년을 이어 온 마산문학
전국의 문화인이 한자리에 모여
시의 도시 선포한 마산으로

문화의 비전
오천 년 역사의 줄기 되어
백두대간 굽이굽이 맥맥이
혼불로 타오르고
금자탑으로 승화되리라

푸른 바다 넘실거리는
여기에 문화의 시 세우고
인류 앞에 슬기를 뿜으리라.

*악보집 원고
2010. 4. 1.

바람

저 바람은
어제 부는 바람 같지 않네요
아픈 사연
잊으려 묻고 가는 바람
그 얼굴 보이지 않네요

가을 풍요로운 수첩 들고
흩날리는 낙엽 바람이
심장을 쓸어내리고 있네요

마지막 잎새 바람 끝자락에
매달리는 것을 보니 울 엄마 생각이 납니다
혼자 살 수 없는 인연이란
바람 모여 향기바람 만든다지요

세상 바닥 일거리며 부는 바람
행복 쓸고 오는 바람이라지요

하늬바람이 내린 것이라고들 합니다.

금강산에서

바람 소리마저 비켜가는
정자 아래
비수처럼
고요히
흐르는 물살마저
숨을 죽이고

은자의 피리 소리
비경에 깔리고

은하수 흐르는 시냇물 적시는
달빛 아래
고요함만 점점……

중천에 걸려 있는
밝고 청아한 달빛만이 내리는 산하
홀로 가는 나그네 마음

삭아 내리는 옥류동 계곡

그대는 알아
하얗게 밤새우는
저 비경이 언제 마음에 들어와
빈 가슴 채울까

—청마백일장 장원
2006. 2. 28.

잡초 · 2

태풍 불어온다
머지않아 찬바람이 불어올 것이다
내 이름은 질경이라 불러 다오
모진 겨울 추위도 견디어

전설처럼 살아온 잡초
봐주는 이 없어도 질긴 쇠심줄 같은 마음으로
살아왔다
밟고 밟혀도 아픔을 삼키며 말없이
다시 일어서는

절벽
바위 뚫고 솟아나는 석초처럼
번식을 위해선 목숨을 건다

오늘도 농부 아닌 누구의 손에 뽑혀 나간다
잡초란 이유로
그래도 어딘가에

대를 이을 것이다
내 삶의 흔적을 위해서.

떠난다는 게 이렇게 아파
–마산(馬山)

내 고향 남쪽 바다 33년
정든 곳 떠난다는 게
마음 없이 정했으나
그렇게 쉽지만은 않아
자꾸 뒤돌아봐져

행복에 빠져 살았던 삶과
힘들게 살아온 세월
항해하는 파도처럼 거칠었던 지난날
때로는 나 자신
원망했던 시절도 있었지

다시 시작하는 삶의 길이라
훗날을 기약하며
그리운 정 사랑하며
삶을 위해 묻어야 할 여백들

손 안 잡혀 허공에 뜬 마음

알지 못할 일들 다가오고 있지만
시간은 흘러가

세상 지키는 게 힘이 아니라
마음 움직이게 하는 마음이라고
한때는
그냥 주저앉아 버릴 뻔했던 추억
이렇게 명줄 붙잡고 있다는 게
당신의 사랑이야
물처럼 아름다운 당신의 마음 알아.

2005. 11. 5.

마음은 그대

어느 날
맨발로 온종일 빗속을
헤매던 그때 그 모습이
가슴 조였습니다
어둠 밝혀 주는 등불처럼
기다림에 메어 있을 때 보이는 그 순간은
마음 구석 그냥 주저앉았습니다

님은 진실만을 마음에 묻고
대가 없는 세월로 가슴 열고
부드러운 님의 눈빛이
어느 순간순간 감전됩니다

얼어붙는 발자국 움직이지 못해
빈 가슴 늘어만 가고
그림자 행여나
님의 사랑 더 꽃피울 수 없을까

몸부림쳐도 수렁처럼 빨려 들어

어느덧 내 마음 당신 곁에
숨 쉬며 함께 떠나는 것이
마음에는
지천으로 피어 있는 봄날의 꽃입니다.

2005. 8. 11.

너를 위해
–지하철

새벽부터
천만인 발이 되어
오늘도 말없이 달리고 있다
투정도 비판도

묵묵히 받아 가며
모두 모두 꿈을 싣고
희망을 싣고
제비처럼 달리고 있다

누구 하나
내 눈물 닦아 주는 이 없는
깊은 밤에도

혹 비바람도 안고
때로는 눈보라도 안고
칠흑 같은 어둠을 뚫고

목표를 향해

책임을 위해 달리고 있다.

−지하철 공모전 입선

겨울나무

백설(白雪) 분분 쌓인다
긴 밤 지새운 탓일까
매일 아침 마시는 커피이지만
오늘따라 커피 맛이 유난히 향이 깊다

창문 너머로 퇴색해 버린 숲 사이로
벌거벗은 밤나무 눈만 흘겨도
부서져 버릴 것만 같은 마른 삭풍들

그리움 끝내 버리지 못해
영원한 꽃으로 남은 날카로운 가지들
딸기나무 덤불과
키 작은 상수리나무 이름 모를 나무

마지막 혼 불살라 버린
가을날에 아름답던 홍엽들이
지금은 바싹 여위어서
바라보는 그 자체가 눈물이다

경이로운 설경
흰 눈송이는 가지 끝까지 쌓여 있다
아무리 보아도 낯설기만 한 풍경이다
나는 내일을 꿈꿔 본다
나의 사랑을 부른다
가슴 시리게.

상처

그 마음 아픔이
정처 없이 떨어지는 가랑잎 따라
가칠한 피부에 허물 벗는 고통으로
마음까지 파고드는
외로운 섬 닮아

누가 한마음으로 살아온 지상 위에
찬바람 스쳐 가는 상처에 향기 없는 꽃처럼
핏빛 비치는 그림자를 잡으리

허무하게 아픈 마음
소독하는 이는 감각 없어
햇빛만 쏘이고
뿌리내리지 못한 상처에 슬픔 쌓여
고통 위에 삶의 흔적만 싱싱하게 살라고
마음에는 늦은 국화처럼 꽃피고 있다.

2007. 11. 8.

제 4 부

동해안 파도

잊지 않고 그대는
세월의 주름살 위 물결로 실려 와
홀로 섰는
이 그림자를 지우고 가겠지

섬진강

오늘도
유유히 누워 흐르는
너의 얼굴
봄길 따라 굽이굽이 돌아갑니다

그 길
천 년을
지켜 내고 눈길 따라 갈증을 풉니다
둑길엔
짙은 개나리 진달래 향기 손짓한다

불러도
묵직한 바위는 말이 없고
두들겨도 대답이 없다

저 산 아래
그곳 어디일지라도
말없이 흘러 여운만 남깁니다

인심 실은 화개장터
전라, 경상 사투리 함께 어울려
고향 가는 길 부딪치는 물길 따라

사연 실은
강물은 언젠가 돌아
돌아갈 바다가 고향이라지.

—섬진강 따라 매화마을 가는 길
2011. 4. 3.

하루가 지나면

하루가 지나고 저녁 해넘이를 보면
사람의 생을 바라보듯 서글프다
붉게 물든 저녁노을
장엄함은 생을 채색하는 완성한 모습 같다

생의 완성을 위해 또 하나의 채색할 아름다움은
세상의 무대 위에 다른 모습으로
그려질 한 장면이 떠오른다

무대 위에 첫발을 디딜 때처럼
두렵고 온몸은 떨려 온다
구경꾼의 평가가 아닌 내 자신의 싸움인걸

자신을 본 모습과 형상화된 모습이
송두리째 던져질까?
나만을 치장으로 보여짐이
무섭고 떨린다
세상이란 무대에서 '나의 생' 이란 연극 속에

또 다른 한 장면이 연출되어진다

어떻게 나의 모든 걸
끄집어내어 펼치면서
진실로 포장된 알맹이의 아름다움이 시작된다

덜 익은 열매처럼 무척이나 두려운 순간순간
저물어 가는 삶의 끝자락
다시 처음이란 벽지 위에 내일을 설계한다.

강진 청자

천년을 이어 온
빛내는 비색 청자
활활 타는 천 도의 불길 속
몸을 던진

그 혼백들
영원하리 다시 태어나
이제 우리 앞에 우뚝 선 비색 청자
도공인들의 기술이야
천대 속에서도

천년을
내다보며 묵묵히 걸어온 문화
하나하나 자신만이 사랑하는
천직을 안고 산화한 우리 도공인이여!
이처럼
인류가 감탄하는 찬란한 문화유산으로

꽃피워 줄 우리의 얼!

2005. 7. 28.

내장사

–겨울 산사

바람 소리 실은 산사
가장 가까운 곳에
함께 있고파
허공자락 붙잡고 바라봅니다

번뇌를 해탈할까
짊어진 어깨 무거워
일주문 들어설 때
마음은 나락에 떨어집니다

뼛속까지 묻어오는 청아한 종소리
이제
마음 바람 소리 붙잡아 줍니다

뒤돌아서
들려오는 저 핑경 소리
온몸에 젖어 옵니다.

2008. 11. 27.

모양성 · 1

하늘 아래
샛별로
우뚝 솟은 모양성

칼날 앞에 쓰러지면서 조국 방패로 막아 주고
비바람 견디며
가슴속 흐르는 눈물
민족의 한을 보듬어 안아
천 년의 넋을 지켜 온 모양성

굽이굽이
이 겨레 핏자국 어루만진
그 상처
어찌 잊으리오

장하다
억만년 길이 빛낼 우리의 역사
자자손손 돌에 피어난 꽃잎처럼
너의 충정 어린 얼

이제

우리의 몫이여!

함께 안고 영원히 빛내리.

2008. 9. 29.

모양성 · 2

성 안
봄을 준비하는 겨울나무
하얀 눈보라 치는
얼굴 온몸 떨며
굳은 의지로 보내고 있다

천 년 전
동헌에서 선조들의 호령하는
소리 들으며
그 세월
말해 주는 주목나무들
무거운 발걸음으로 밟아 보는 성벽

하얗게 쌓인
동헌 뜰 앞에
매달려 있는 마지막 잎새까지도
성을 지켜 낸 불꽃 영혼들
지켜보니 발걸음 멈추네

2009. 12. 25.

삶 · 3

눈빛 보며
나눈 이야기 살아가는 거름 되니
마음 창살에 비치는 빛살에
영글어 가는 삶입니다
돌아오지 않는 어제의 시간 속에
추억으로 꽃피워 담아 갑니다

천지가 하나인 것을 나도 하나입니다
지천으로 널려 있는 진리가 그립습니다

삶의 문턱을 넘어 고개 숙인 것은
우주가 새로워 놀라운 환희의 시심(詩心)만이
처음으로 생을 알게 합니다

뜨겁도록 순수한 영혼도
마음속 삶에 빛나는 길일 겁니다

우주로 난 하나의 길이
삶을 짊어져 가야 할 밝은 길입니다.

동해안 파도
–동해 일출

태고의 숨결 유유히 쉬지도 않고
수평선 너머 붉은 태양 잉태한 채

가슴 시리게 달려와 품에 안긴
너의 그리운 그 파도 소리
막혔던 체증 뚫어져
그렇게 시원하다

망망대해 고독하게 지켜 온 세월
너무나 긴 여행
밀리고 달려온 여정이여!

그렇게 힘겨워하며
부딪치고
퍼렇게 멍들어 부서져도
뭉치고 일어서는 그 투지 마음에 와 닿아

시원한 행복으로 너의 얼굴 바라보니

백사장 함께 반기고
목타게 기다리던 푸른 인연들
전설같이 시원함이야

잊지 않고 그대는
세월의 주름살 위 물결로 실려 와
홀로 섰는
이 그림자를 지우고 가겠지.

2005. 3. 11.

새털처럼 떨리는 손

내
어릴 때 아버지
가정살림 위해 일제시대
북만주까지 오고 가며 삶을 꾸리시던
젊은 시절

노모인 할머니와 아이들만 없으면
도회지로 나갔을 텐데……

너무 커 보였던 내 어린 시절 아버지
이제 몸 가눔 못하시는
내 아버지

하루하루 기약할 수 없는 이별인데도
이별을 눈앞에 놓고 안절부절 타는 마음
"이제 갈래요 아버지!"

아쉬운 가슴만 안고
희미한 눈빛으로 바라보시는 아버지……

가늘게 새털처럼 떨리는 손 놓으며
그래 직장 늦기 전에 가거라
힘없는 손 허위허위 젓는 그림자

천 리 길 돌아서는 자식 눈물길.

—어버이날 뵙고 돌아서는 아들!
2005. 5. 8.

지리산

긴 세월 민족의 한
말없이 품으시고
한마디 불평도 하지 않는
아버지 같은 산

그
깊은 마음
한 번도 헤아리지 못한 시간들
반기지 않아도 계절은 찾아와
품에 안기고
수없이 말없이 떠나간 수족들
사연
이유도 묻지 않는다

언제나
변함없이 우리를 티 없이 보듬는
잴 수 없는 마음

삼도(三道) 강풍 불어와
흔들어도 조금도 미동 없는 천왕봉

묵직한 마음
꽃바람 불어와도 침묵으로 일관
민족의 축 숱한 애환 간직하면서도
변색하지 않은 지리산.

소쩍새 소리

소쩍다 목메어 우는 소리
밤에 메아리로
어스름한 달빛 아래

호숫가에 빠진 초승달
하도 어여뻐

나도 몰래 다가가
내 님 앞에 내밀고 싶어
바라보니

빈 마음 채우는
소쩍새 소리만이
여행에 지친 몸
희미해진 불빛 아래
나그네 시름 달래 준다

그리움만이
구슬픈 밤을 흐르게 하리.

갈망

통일!
우리가 그렇게 부르짖었습니다
통일이라고

우리가 그렇게 미쳤습니다
통일이라고

저승길을
가지 않으려고 몸부림쳐도
우리가 가고 있듯이

통일을
가로막는 석처럼 굳은 장벽은
오직 우리가 깨우치지 못했던

보이지 않은 이기심일 겁니다.

낭만

그 놈의 쓴 커피 한 잔
도라지 위스키 한 잔 마셨던 다방
비 오는 날
비 맞으며 걷던
정거장 앞마당
그야말로 맨몸으로

그냥 한 정거장
미리 내려 젖으면 젖는 대로
걸어가는

그리 어여쁠 것도 없는
마담이 경영하는
그 다방에
커피 한 잔 앞에 놓고
비 내리는 창밖을 바라보는
내
마음에 있는

그리운 화자(花子)에게
안개처럼 띄워 봅니다

빈 마음 시심(詩心)으로나마
채울까

유리창 너머로
그리움만 실없이 던져 봅니다.

2007. 10. 5.

선운사 설경

숨죽은 듯 고요한 산사에
소리 없이
설화는 하염없이 쌓이고
천 년 고찰
고뇌 찬 세속을 뚫어 주는 종소리

그대와
향기 오르는 찻잔 마주 앉아
그리운 정으로
마음만 보고 싶어

보이지 않은 인연 고리
어찌 흐르는 정
없지 않으리만은
말없이 눈길로 창문 밖 바라보며
눈으로 눈길을 쓸어 보지만

그리운 님 가시는 걸음걸음
따라가는 발자국

보내기 아쉬워
설화는 말 없이 흔적만 지우고 있네.

호숫가를 거닐 때

호수와 같은 터전에
추억과 꿈을 먹을 수 있고
그리웠던 옛꿈 떠올라
주어진 세월에
매달리는 시간이 그래도 아름다웠습니다

물빛 아래 떠오른 아름다운 당신
밝은 달빛 그림자 드리우며
아름다운 호숫가를 거닐 때
성난 날씨 우릴 덮쳐도
환한 웃음으로 서로를 보았지요

온몸에 추억은 슬슬 감기고
솜털구름 새벽안개 속 꿈꾸고 있듯
고요해
이슬빛 발하는
호숫가에 흰 구름으로 내려와
빚어내는 인자한 모습으로 감쌉니다.

2005. 9. 3.

제 5 부

천보산의 봄

집단 곳곳이 화들짝 함께 웃고
함께 울고 지는
어느 4월 훤히 바라뵈는 하늘 아래
미풍으로 만남이 그리운 사랑인가?

영월 동강

속살 토해 내며 터져 버린 너의 모습
모아둔 구슬 같은 물줄기
아래로 쏟아내며
소금강으로 은구슬처럼 미끌려 흘러가는
영월 동강

그 파란 하늘 어찌나 반갑던지
인생 내내 데리고 다니고 싶은 생각에
파란 강물 따라
수정처럼 맑은 물
원앙, 황조롱이
사랑을 속삭이는 동강이여!

어름치, 쉬리 자유의 몸으로
우정을 노래하는 삶터
억년 흘러온 동강
깎아지른 기암절벽 비경이 펼치는
사랑과 자연에 취해 한동안 넋을 놓았다

숨쉬는 희귀 동물 보고(寶庫) 동강
전설 따라 자라온 소나무 멋들어진 그 자태
동강의 자연은
자연을 사랑하기 때문
이젠 눈만 껌벅이고
문명 앞에 선 동강
수난 시대에 선 동강
동강의 자연은 우리의 몫이 되다.

2005. 8. 7.

광주 5·18은

그날이 오면
하늘이 울고 땅이 통곡하는
금남로 거리
낙엽처럼 산화해 버린
우리 젊은 학도들 겨레들이여!

민주화 부정을 피로 막아 낸
천추 빛낼 광주 시민이여!

물결처럼 밀리고 쏟아 붓는
하나된 광주여!

스치는 바람결 맞으며
외로이 묻혀 있는 5·18 성역

영혼들
흘렸던 피 헛되지 않으리

영원히 우리 마음에 교훈으로
이해하는 사랑으로
남아 있으리.

2008. 12. 20.

천보산의 봄

-6·25 전투

겨우네 움츠렸던 몸인데
햇살 찾아와 일깨워 주며

위탕거우 전투에서도 살아남아
진달래꽃으로 불태우는 천보산

집단 곳곳이 화들짝 함께 웃고
함께 울고 지는
어느 4월 훤히 바라뵈는 하늘 아래
미풍으로 만남이 그리운 사랑인가?

꽃잎 따라
그리운 님 자리에 뿌리오니

향기 날리며 넋마저
뺏어 간 님이여!

바람 가지에 기댄 지친 님이
기린 목 되어 기다리는
투바위 고갯길
홀로 넘는 이별 고개인가?

* 위탕거우 : 6·25전투가 치열했던 곳

2006. 4. 11.

농부

하늘 구름 매달며 심은 고추나무
간밤에 늦게까지 잠을 이루지 못했다

서릿바람 얼마나 추운 밤인데 힘들었을까
90일 애지중지 자식처럼 키운 시간

햇빛 달빛 받아 튼튼하게 자란 몸
피붙이처럼 길러 온 것인데

겨울 속 돋아 나온
굵어지는 주름 세월 흔적이
농부에게는 훈장처럼 보이는 마음이다

새싹이 돌멩이를 쳐들고 오르는
그 힘
농부의 역경처럼 보인다.

내소사의 설화

능가사 나락
기운 안고 돌아가는 줄기 따라

죽어 천년
살아 천년
살아 숨쉬는 하얀 숲길에 빽빽한 주목길

하나의 소원을 빌면
이루어 주는 내소사
폭포처럼
눈앞 퍼붓는 하이얀 설경
하늘나라 천사처럼 내리는
그 자태

은백의 세계로 이끌고 있는 천지야
냉한 속 더벅더벅 뒤따라오는 발자국
세속에 젊어진 업보 묻고 싶다.

2020. 12. 28.

병원에 들어서면

꼭두색벽부터
맘먹고 챙겨 들고
대학병원에 들어선다

첫눈에 들어오는 것은
벤츠 아우디 에쿠스 그랜저
모두들 번쩍번쩍 본관에 번개처럼 들이댄다
그 속엔 모두가 슬픈 사연들을 안고 있다

삶의 내부는 누구도 알 수 없는
말 못하는 사연들이 있나 보다
검은빛 얼굴들 번쩍거리는
세단들하고는 맞지 않나 보다

목발에 겨우 의지하며 힘들어하는
어느 환자도 눈에 보인다
행복이 무엇인지 잣대가 없나 보다

싸짊어지고 온 재력가들
이승과 저승의 갈림길에 무엇이 그리
그리왔던가
내 뼛속을 스치고 있다.

계곡
–문수산에 흐르는 물

하늘빛 푸르름
아래 감추어진
실가닥 닮은 줄기
돌 사이 은빛으로 굴러 내려가

천년을 깎고 갈던 시간이
눈감아도 들리는

그
시원한 물줄기
짊어진
폭염을 이기는 소리인가
폭포에 깨어지는 아픔인가
부서지는
그 소리

그리 바삐 쉼 없이 흐르는
긴 여정

마음에 쌓인 무더위
그래도 흐름 속에
시간을 안고 가야 한다고
아름답고
고운 제 모습 다 버리고
여운만 남기니

스산한 달빛
가지에 앉아 그대 노랫소리
따라 부르네
이 밤도-.

설날
—핵

천만인의 발
거대 물결이 출렁인다
설레는 마음으로 물결 속에 합류한다
오늘 밤은 하얗게 날밤 새우는 날이다

전파 소리는 하루에 30만 대씩
수도를 빠져나간다 숨차게 흘러나온다
연일 흘러가는 고향 마음들
설 연휴엔 오고 감이 백만 대라나

저리도
고향엔 무슨 힘을 가진 핵이 있기에
보다 큰 힘을 가진
거기엔 쓰러져 가는 울타리 담장 너머
벽 기대어 앉아 있는 노부모님이 계신다

보이지 않게 엉켜진 사랑 정이 쌓인
힘없는 부모님

마음 울컥 솟는 울음과 환희가 엇갈린다
눈빛 마음으로 씻어 내린 사랑
하룻밤 정신없이 흘러간 시간 마주한 얼굴이지만

밝아 오는 아침이 오면 천 리 길을
다시 힘겹게 그 길을 당겨야 하나.

* 노부모(老父母)님은 핵 같은 힘
2000. 1. 1.

수박

불볕 같은 태양머리 아래
흰구름 손짓하는
푸른 언덕 너머에 사랑을 싹틔울

봄부터 쌓아 올린
땅속 깊은 곳 흐르는 미네랄 같은 청정수를
깊고 질긴 인연의 개울물로 흘러
줄기줄기 소리 없이 모아

둥근 보름달 같은 맑은 하늘빛
여름 끝자락에
뙤약볕 안고
걷어 올린 열대야 폭음을
안으로 가슴으로 삭히고

붉은 속앓이로
빛깔 좋은 붉은 보석처럼 꽃피워
푸르름으로 곱게 포장돼

행복한 열매 세상에 나누기 위해
과일의 여왕처럼
아름드리
우리 가슴에 돌아와.

*폭염 하우스 온도 45도에 쏟아지는
땀방울 보름달 모습으로 보답.

2007. 8. 7.

설원에 덮인 내소사

비경에
마음까지 녹아내리는
내소사의 아치형 신궁 같은
길

하늘에 매달려
내리는 하얀 천사들 물보라 안개처럼

낙락장송 어루 안아
한 폭이 삼라 천궁 만들고 있구나

희미하게 다가오는 그 님의 그림자
옷깃 자락 잡는 그 길손이여
피어오르는 한 잔의 향기

발목 잡는 그리움에
심장까지 따라붙는 설풍(雪風)이여!

불경 소리
일주문 들어서는

이마에
바람처럼 스쳐 가는 번뇌.

2009. 12. 18.

고향은

정자나무 아래 넓은 연못은
숱한 이야기를 안고 넘실댄다

소 몰고 갔던 서쪽 푸른 들녘에는
황금빛 가득했지
늦은 밤 이야기 소리 호롱불 아래
눈꺼풀 내려 끔벅이는
정답던 시간들

할머니 눈 오는 마당 내다보며
질화로에 고구마 굽던 자리
옛이야기 신이 나 듣던 고향

흙향기 들쳐 메고 뛰놀던 뒷동산
지금엔 그곳은 사라지고
마음에만 남아 있는 고향

낡은 지붕 위에는 설익은 호박
바람에 뒹굴고

처마 밑에 손 넣어 참새 잡던 고향

그리움–
그 모습
그대로 잠들어 묻혀 남아 있는
정답던 고향.

2009. 7. 12

대장정

태종대 출발!
병든 자아를 찾아
삶이
빈껍데기라 생각했다

어느 날 꿈이
병들었다는 것을 알게 되었다
해 질 녘에 서산에 걸린
노을 보며 위안이 되고
노을이 아름다운 것은
거기 함께 구름이 있기 때문이라는 것

인생이 껍데기인데도 산다는 것은
꿈이 있기 때문이다

한 점 한 점 모인
땀방울이 모여 강 되어 흐르고
그 땀방울 속에 내 얼굴을 비춰 본다

다시 태어난다는 각오로 국토 횡단
거기!
가슴에 흐르는 강이 있기에 나는 도전했다
임진각 아래 강물은 도도히 굽어 돌아
내 삶의 아픔들을 씻어 주며
희망노래 들려주며 스쳤지
새로운 세계로 인생을 잉태하라고.

2002. 7. 27.

진정 사랑한다면

말 못하는 것이 아니라고
타의에 마음으로 떠나야만 하는
그 사람을 떠나보내기가
그렇게 힘드나요

그게 아닌데 하면서 돌아서
후회할 절박함이
허공 붙잡고 먼 산 바라보는 사랑

돌아서 토담에 머리 박고
몸부림치는 그리움
사랑하면서 보내야 하는 쓰라림은
심장까지 파고드는 외로운 고독입니다

연민의 정 떼지 못해
어두움 안고 빈 배로 돌아온 파도
사랑을 가슴에 누이고 건져 올린 핏자국

사랑을 용서하는 것 알면서

갈증 이기지 못해
사랑의 뒤안길에서 뒤척이고 있습니다

돌멩이처럼 채이는 낙엽 되어
눈물로 옮겨갈 때 사랑을 엿보며
흐르는 시냇물도 사랑을 아시나요 물어봅니다

파도처럼 부서지는
당신의 가슴을 쓸어 내릴 때
그 마음 아시나요
두루마리 안개처럼 쌓이는데
당신은 아시나요.

2006. 6. 6.

어느 병원 그날이

복도에도
한 조각
바람은 한 생명을 붙들고
안전 도우미와 함께
뒤 보지도 않고 밀고 간다

뒤따라오는
검은 사자들 수런거리는 소리
꺼져 가는 그의 입술에는
그래도 틀니 사이로 미소가 새어 나온다

까맣게 임종의 그날을 잊고 잊게 하는
치매가 나를 슬프게 한다
가느다란
엷고 밝은 표정도 내 가슴을 무겁게 한다

언젠가는
그렇게 후회 없이 살았고
느끼지 못하면서

그 시간의
악몽은 그렇게 흘러간다

삐걱거리는 어깨
삶의 짐에 눌리어 휘어진 허리
허공을 향해 누군가?
기다리고 기다리는 힘없는 눈빛
어제의 일은 아니지만

오늘만은 마냥 사선(死線)을 넘나든다.

2011. 11. 11.

동백꽃

실바람에도 통째로 떨어지는 그 모습이
겨우내 참아왔던 눈물인가요
설익은 봄볕이 내린 그리움인가요
그렇게 수줍던 모습이 말 못 할 사연이었던가요

돌아설 수 없었던 인연이 있어도
참았던 슬픔
참았던 그리움
울음도 없이
그렇게 떨어지는 아픈 사연에도
실없이 봄날이 갑니다

이름 없는 계곡 찬바람 안아 가며
빈 메아리 들으며 기다리던 님[春]이 아니었던가요
잊을 수 없는 붉은 그의 입술
감춘 채 떨어지나요

단 한 번이라도 깔깔대는 모습을
꼭 한 번 내 가슴에 묻고 싶어라.

고방규 시인

- 창신대학 문예창작과 졸업
- 한국문인협회 · 한국시인협회 회원
- 한국시조시인협회 · 수림문학회 회원
- 세계시문학회 총무국장
- 새시대문학 운영위원
- 새시대문학 마산지회장
- 흥덕향교 전교 역임
- 국사편찬위원회 사료조사위원(現)

■ 수상
- 한국시조문학 신인상(2003)
- 문화예술 신인상(2003)
- 창녕문화예술제 전국백일장 입선(2003)
- 청마전국백일장 차상(2004)
- 생활문학 신인상(2004) · 생활문학상(2005)
- 새시대문학 작품상(2009)
- 세계시문학상 대상(2015)

■ 시집
- 『장미꽃 당신(2005)』
- 『당신이 물 위에 뜨면(2020)』
- 『연꽃의 속삭임(2022)』

■ 주소 : 전북 고창군 성내면 외옥길 53
■ 연락처 : 063) 562-3356 · 010-8559-1616
■ E-mail : kbg461227@hanmail.net
■ 문학예술카페 : 〈장미꽃 당신〉 운영

고방규 시집
연꽃의 속삭임

초판 인쇄 2022년 2월 23일
초판 발행 2022년 2월 28일

지은이 | 고방규
펴낸이 | 김효열
편 집 | 이미정

펴낸곳 | **을지출판공사**

등록번호 | 1985년 2월 14일 제 2-741호
주 소 | 서울시 마포구 양화진길 41, 603호
우편번호 | 04083
대표전화 | 02) 334-4050
팩시밀리 | 02) 334-4010
전자우편 | ejp4050@hanmail.net

값 15,000원

ISBN 978-89-7566-209-6 03810